얇고 잦은 숨들
작은 물방울의 노래처럼
흰 종이 위에 찍었습니다.

최 홍 연 시집

물푸레나무가 있는 집

지식과사람들

■ 시인의 말

산다는 것은 때론
감미로운 고통의 날갯짓입니다.

얕고 잦은 숨들
작은 물방울의 노래처럼
흰 종이 위에 찍었습니다.

구십을 훌쩍 넘겨 준 어머니

그 여인의 삶을 맴돌며
시를 쓰게 되었습니다.

시를 쓰는 시간을 통해
잔뿌리 내린 나무 그늘에 모여든
모든 가족에게
감사와 사랑을 돌립니다.

2020년 12월
최 홍 연

▌차례

1. 꽃의 자리

2. 구멍 엿보기

■ 차례

3. 어느 기억

4. 삶의 물집

5. 최홍연의 詩세계

1.
꽃의 자리

할미꽃

쪼그라진 볼
입도 안 벌리고 잘도 웃는다
깊은 산 속 돌무더기 틈에 살던 꽃

목이 휘어
바람도 삼키지 못하고
굳어진 혀로 말 못하는
노고초의 슬픈 이야기

일기장 가득했던
짙은 자줏빛 얼굴
하도 이뻐라

고운 잔털 글썽이며
이슬도 담지 못해
눈을 감은

양지바른 곳에
흰머리 꽃 되어
한 없이 날리고 있다

물빛

강이 흐릅니다

첫 새벽 땅을 디딘 한 방울의 이슬
나무껍질처럼 거친 엄마 손등에 떨구던 땀방울
거북등 같은 소나무 가지 끝에 앉던 눈송이도
아득한 골목 끝에 늦도록 기다리던 딸의 눈물도
흐릅니다

어린 시절 꿈에서 보았던 흰나비들
하늘로 오릅니다

그 물빛
얼굴 위로 쏟아집니다

가시연꽃

가시 돋우는 일은
바늘 모양 뾰족한 성질
빈틈을 주지 않는 아집

방어일지 보호일지 모르는
제살을 뚫고 돋친
이길 수 없는 외로움

가시연꽃

물속의 숨긴 모습
수많은 물길을 찾아
늪 한가운데 들어가 보지만
잠기운 깊이 가늠할 수 없다

묶인 인연(因緣)
빠져나가 듯
짙푸른 연잎 사이로
작은 연꽃 피워 올린다

*가시연꽃 ; 그대에게 행운을

거미집

반 지하 모서리에
거미줄이 쳐져 있다

낡은 건물 벽
붕괴의 위험에서 피할 곳도 없이
철거통지는 눈 돌리는 곳마다 붙어 있다

막다른 골목에서
평생 소망으로
뚫고 나가려는 헐떡거림

-엘리베이터 설치, CCTV설치
 정남향 채광이 좋은 집
 방3개 화장실 2개

쉼 없이 발을 놀리며 쳐놓은 거미집
철거통지서처럼
홱 다 쓸어버리는
청소부 빗자루

밤 벚꽃

캄캄한 하늘에
꽃잎들이
섣달그믐
폭설처럼 쏟아진다

순간
흰 저고리 내걸리고
거친 군화발 아래
소녀의 비명이 야광 되어 터진다

활을 켜 듯
시린 바람 인다

화려한 불꽃 쇼
사람들의 환호와 박수 속에
여기저기 사진 찍는 별들

잘도 피고
쉬 지고 마는 꽃

고로쇠 물을 마시며

추위를 털어내고자 달려간 발아래
뚝 뚝 떨구는 정
진심이라면
냉정하다 마세요

지리산 깊은 자락
당신의 상처와 무관하진 않지요

한달음 안기는 나뭇결
자국을 내어서라도
내어주는
달콤한 물 한 모금

페츄니아

이글거리는 팔차선 신작로
차들은 느린 걸음으로
뜨거운 하품을 내고
하얀 햇빛 아래
나팔꽃 닮은
진분홍 페츄니아
구리빛 가스등 허리에 걸려
고개 떨구고 있다

물차의 긴 호수로
시원하게 물을 주니
꽃들은 흔들리며 일어서고

그 곁을 지나는
양산 속 여자
어깨를 드러낸
짧은 치마 곧은 다리
아찔하다

구름 없는 하늘
하얗게 타들어가는 복날

*페츄니아 ; 그대와 함께 있으면 마음이 편하다

고추밭

유월
삼 개월째 비가 오지 않고
밤비는 살짝 혀끝만 닿아
땅은 한숨 소리 쏟아낸다

건조한 하늘
박하 향처럼 눈이 시리다

구름 한 점 없는
하늘 보는 버릇도 비어가고
힘없는 고추밭
고추 밑동 움켜쥐고
풀리지 않게 지지대를 세운다

따가운 태양 아래
바늘처럼 쏘아붙이는 매운 맛
고추는 단맛을 키우고 있다

꽃

생각해보면
쓰이지 못한 시어들의 첫기

땅 속 어딘가 깊은 곳에서
힘주어
피어오르는
한 호흡의 입김 같다

삼겹살구이

팍팍한 하루
물기 먹은 발걸음으로 길을 간다

하루 열 시간
몸을 쓰고 나면
어지럽고 눈이 침침하다

살아내는 일
밤이 내린 중턱을 오르면
밀려오는 허기로 속이 쓰린다

비 오는 비산동 삼거리

돼지 삼겹 굽는 연기 속에
눈을 찡그린
쩌렁쩌렁한 목소리 거리에 꽉 찬다

은방울꽃

하얀 종소리 마당 가득
줄지어 얼굴을 내미는 꽃들

유년의 앞마당에는
발자국처럼 선명한 다짐
– 열 손가락 깨물어 안 아픈 손가락이 없다는
홀어머니
겨우내 무성하게 엉켜 있던 텃밭
풀들 헤쳐가며 솎아주었다

웃자란 푸른 잎 들추니
작은 꽃들 가지에 매달려 있다
줄지어 피어 있는 은방울꽃
햇살도 찾아와
종들을 울려댄다

*은방울꽃 ; 틀림없이 행복해진다

되돌이표

말이다
얘기다
당연한 비밀이다
갈 수 없는 길
건너가야 한다

누군가에게 숨겨놓은 고백이다
미뉴에트에 흔들리고
포르테를 그리며
건너가야 할 때
피네 앞에 되돌이표를 찍어 넣는다

다시 처음으로 돌아가면
마디마디 같은 곡이라도
그 시작은 달라야 한다

논 트로포

지나치지 않게
서두르지 않으며
말하고 노래하리라

넘치지 않게
충분히
곁에서 흔들리리라

나무의 노래

봄이 온다 해도 사월은 지나야 한다
이름이 떠오르지 않아도
속이 빈 듯
말을 걸어주어야 한다

마른 살갗 뚫고 나오는
나무의 몸살
기억의 아픈 마디마다
움을 틔운다

아직 눈송이 날리는 날 있어도
그을 수 없는 나무의 경계에서
나이테는 한 바퀴 이어가고
꽃들의 기도가 내리면
이제 울음을 그치려는지

봄은
그저 사월을 지나야 온다

카네이션

아침 창을 열고
바람 끈을 푼다

어제 내린 비는
가벼운 꽃잎의 무게로 내려
해가 저물도록
물 먹은 꽃들을 보며 걸었다

이름도 알 수 없는
이국의 꽃들
그 중에
엄마 생각이 나서
카네이션 화분을 들었다

티브이 위에 올려놓고 온
카네이션 화분
영글어 가는 꽃
살포시 안아주고 나오는 마음

책갈피를 접다

돌아보지 않겠다 다짐한 시간
잃어버린 기도처럼
울며 몰려온다

생목으로 차오는 짐승의 언어
땅으로 내리지 못하고
가뭇없이 흘러간다

구르다 누웠다 일어서서 걷다
다시 흔들리며
어디로 가는지 묻지도 않고
참 쉽게 간다

강이 깊은가보다
물살 아래 묻어둔 교각은 보이지 않고
밤비를 받아먹는 한강다리
빗금 친 불빛은
책속 강물로 쏙쏙 빠져든다

고추참치 통조림

단번에 날카로운 철벽 문을 잡아 열면
억제된 참치 살 냄새에
속 시끄럽다
한 없이 속사정을 들어줄 수도 없는 노릇

매운 고추
넉살좋게 섞어 넣으면
헤집어 골라먹는 맛에
간간이 뭉클해지기도 하는

어제와 별다를 수 없고 그냥
힘겨운 무게 견디기 버거웁지만
가끔은 통조림처럼
뚜껑 열어 숨을 내쉬는
그런 날도 있겠지

한번씩은
매운맛도 끼워 넣고 살 일이다

꽃비

가지마다 설레게 흔들어대는 바람
햇살 아래 꽃으로 피어
나무의 눈물 되어 내리면
꽃들의 신음소리 같아라

살아 있는 모든 것
눈을 뜨는 한 날

아름다운 것은
왜 이리 짧은가

살면서
아름다운 것에 대해
시드는 것에 대해
눈물 떨구는 사월

봄앓이

바람이
치마를 휘감아 파고 들어도
내버려 두었다

알전구가
깜빡이다 빛이 끊겨도
손대지 않았다

확인하고 싶지 않은 것
말하고 싶지 않은 것들
모두 지나친다

동방미인차
손놀림 따라 향이 흐르는 오후

서버린 엘리베이터
아파트 십 칠층 걸어서 오르고서야
눈썹이 확 밝아졌다

꽃샘추위

대형 마트 통유리 벽에
함박눈이
부딪치고 부서지며
따뜻한 실내 온도로
녹아 흐르고 있다

봄으로 가는 시간
스스로 옷을 벗고
녹아내리는 흙의 계절
순리에 따라
멀미를 견디며 기다린다

풀어놓은 와인색 블라우스 두 번째 단추 사이로
아무것도 할 수 없던 지난 시간들
꽃샘추위가 섬뜩 파고 든다

봄비

굽은 허리
어린 풀꽃
꽃술을 본다

마른 땅
봄 여는 소리 듣는다
똑
그늘진 얼굴에 내린다

눈물 자국인 듯
푸석한 땅에 떨어지는
빗물
씨를 뿌리듯
땅속으로 파고 든다

2.
구멍 엿보기

나비의 꿈

나비를 보았어요
한 마리가 아닌
수십 수백 마리에요

들에는 꽃들이 만발해요
여린 꽃잎 서로 포개고 비비며
속살 채워주고 있어요
다시 날갯짓하며 날고 있네요
하늘은 노란 나비들로 가득 해요
벽시계의 긴 추가 꼬리 되어 흔들려요
나는 속없이 잠에서 깨지 못하고
눈도 뜨지 않았어요
하늘에서 소리가 들려요
소원을 묻는 듯
희망을 묻는 듯해요
그 소리는 어디서 오는 건가요

할머니 머리맡에 앉았던 나비
화들짝 잠을 깨우며 가네요

불꽃놀이

작은 불씨 하나 솟구쳤다
천 갈래 만 갈래
화살을 쏘아 살을 토한다

내가 피우는 불꽃은 아니지만
오늘 만난 횡재의 순간
하늘은 갖가지 색을 풀어놓아
황홀하게 속을 뚫어놓아요

어느 날 어느 순간처럼
삶도 빛으로 터져 반짝이는 날 오겠지
수런수런 옛 이야기 나누며 살 수 있겠지

마지막 불꽃까지 눈을 떼지 못하고
아쉬워하는 밤

비

흐르는 것은
지나가는 것
다 지나가는 거다

하늘이
체중의 그림자를 삼키곤
쏟아지는 빗속에
혼자 서 있다

머리부터 흐르며
나를 씻기는 일

흐르는 비는
하늘
사람
강을 꿰매고 있다

시간도
그리움도
흐르며 길을 간다
굽어진 길 흐르며 간다

벚꽃 가시내

흰 살점들 별처럼 환해서
자꾸 눈이 간다
발목 치켜세우고
치맛자락 흔들며 날아가는 꽃잎들

어느새 길가에는
사람들 발걸음 분주하고
밤하늘에 풀어진 가슴

벚꽃 가시내
똥줄만 탄다

벽을 깨기

손목이 시도록 허공에 저어보고
빛을 찾아보지만
빛이 없어 그림자도
눕고 일어서지 못하는 공간

그 벽에
혼자 말하고
혼자 흉내를 내는
무엇이 다가왔다 사라지는지
반복하며 간(肝)을 본다

버리지 못하는 고집으로부터
주먹치기
머리박기
허리 틀어 돌리기
벽을 깨기 위한 인내

갇히는 공간의 고통도
이제 즐길 만하다

자동문

스스로
열지 않고
스스로 닫지 않은
짧은 순간이길 원해요
그냥
말없이 멀어지는 때 말이에요

세상의 초침도 기억되듯
수없이 다른 모양으로 늘 다가오지요

그렇게
잠시 스쳐간
인연으로
너무 아파하는 경우 말이에요

검은 초코렛 녹여 먹듯
달콤함 뒤에
씁쓸함 같은
슬픔이 있는 것이지요

구멍 엿보기

1.
그림자를 볼 수 없기에
작은 구멍의 탈출이 필요하다
중심에 태생을 빚어 넣고 있듯이

그 속에는
선과 악
사랑의 갈등
벗을 수 없는 애증까지 들어 있다

시작부터
자세를 놓치고 나면
몸체는 어려움을 겪었다

2.
발버둥 치고
굴러본들
다시 빠져들고 마는 습성
그것을 알기까지
속살 드러나도 좋겠다

빈약한 구멍 속의 존재

끝없는 갈증

껍질에
한 꺼풀 유약을 바른
미소나 언어 터득하듯

그러나
깊은 구멍으로
빠졌다
한동안
벗어나지 못할 것이다

편지

너는 하얀 바다였어
구름 없는 하늘이었고
바람 일지 않는 들판이었다

그러다가 그러다가

하얀 물거품 일으키면
초승달 그늘을 내려
창문을 흔들고

태풍과 산사태의 물소리처럼
잃어버린 계곡으로부터
글 속으로 다가오는 목소리

그대
잘 지내는지요

헌책방에서

앉은뱅이 의자에 앉아 시집을 찾아본다
페이지가 접혀 있는 부분
손때가 붙은 낙서
누군가의 생활 속에서 분명 접혔다 폈다 하였을 것을 읊조렸다

한 권의 중고 시집
첫 간지에 쓰여 있는 메모를 본다

- 홍익서점
  교보 서점
  오늘의 책
  신촌 문고를 다 돌아다녀도
  없던 시집(詩集)을
  청송서점에서 구했다
  으, 기쁘다

시집을 구하기까지 흔적들이 느껴지며
소중하게 여겼을 시집이
왜 그 손에서 멀어졌을까

시집 주인의 인연이 나의 인연으로 들어서던 날
나도 썼다

– 으, 기쁘다
오랜 시간을 돌아 내게로 왔다
그의 가난과 사람 냄새를 지니고

촛불

노란 종이배 바다로 가고
어둡고 깊은 바다
기둥을 세운다

피멍 든 가슴으로
불 밝히고 기다리고 기다리지만
언제나
먼 길 되돌아올까

4.16 봄 바다에
노란 불꽃으로 탄다
물결 따라 하나 되어
태우는 촛불

토끼야

눈이 오면
숨어 있던 모습 드러내도 좋아
이런 날
꼭 한 번 올 줄 알았지

그러니
주저앉아 부끄러워 말고
쫑긋 세운 두 귀
뒤꿈치에 힘을 모아
뛰어보자
힘껏 뛰어보자
토끼처럼

설중매화

서 있기도 힘든 겨울
맑은 햇살 간질이는 사이
나무는
물 샘을 끌어올린다

바람의 온도에 잎이 움트면
수액 터트려
꽃망울을 피운다

눈보라 속에서
찬바람 맞으며 피는

붉은 매화

추위도 모른 채
얼어붙은 살갗 속에
붉고 단단한 기운
분분(芬芬)하다

창

창만큼 보고 산다
세상 돌아가는 일 모르면 바보겠지만
마음 휘둘리며 조아리기 싫어
기도를 한다

누군가의 기도가 창 밖에 머물고
손 흔들며 소리 지르려 했으나
그 무엇도 말하지 못했으니

사랑의 빛이었을까
가을비의 이야기였을까
깊은 회한(悔恨)속에 기도가 끝나면

누군가 내 창에
돌 하나 던져 주기를
그래서 다시
일어설 수 있기를

반딧불이

억척을 부리고 우겨대는
비탈진 나이
이마로 번번이 땅을 밀어낸다

반쯤 취해 앙티로망 세상으로 수신을 내면
반사광에 움찔 정신이 든다

그녀는 봄밤의 별을 털러가자 했다
나는 물었다
숨어들던 애벌레의 주름
펴 줄 방법이 있느냐

프로방스 밤 거리
삼십대 그녀는 행성에 끼어 빛났다
나의 아랫배도
발광기 여는 날
우리는 날개까지 달고 날고 있다

봄날

쥐어진 손으로부터
관능적인 혀 끝
뇌까지 전하는

한 계절 입고 마는 옷처럼
덥석 한 입으로 먹어버릴 수 있는
적은 양이 아니므로

깊은 속살 자극하며
먼 훗날 추억하고픈
젊은 연인의 아이스크림

쉬 녹아드는 이 봄날

소유

연필 한 자루
잘 깎아 심을 세우고
시를 쓰네
쓰다 쓰다 안 되면
연필 뒤
지우개로 살살 지우고
흰 종이 위에 다시 쓰네

무슨 까닭인지
친구의 선물이 작아질 때마다
만날 수 없는
그 얼굴이 보고 싶어 눈물지네

만년필 한 자루
잉크 냄새 흘리며
그대에게 편지를 쓰네
쓰고 또 쓴
일기 속의 님

잉크가 말라버리면
다 말라버리면
무엇을 버려야 하나

생각할수록
쓸 수 없는 만년필
버릴 수 없는 마음만 서럽네

산책길

화장을 하지 않아도
감동스런 이야기 하지 않아도 되는
서로 손잡아 줄 수 있겠니

높은 산을 가자고 하지는 않아
밤안개 흐르는 호수 공원
주지 못한 그 하나
가만히 건네는 일

서로 아프던 시절
마르지 않는 기억이
흐르지 못하는 호수 같아
잃은 것 찾아가는 산책 길
더 없는 그 밤의 위로

겨울 보내기

한 걸음
한 장만 넘기면
봄이다

차가운 것
가난한 것들이
이별의 시작이 되는 것은
아니다

사소한 일에 아파하며
사라지는 것들
얼마나 묶어둘 수 있을까

문을 여니
비명을 지르며 쏟아져 나가는
얼음 깨어지는 소리

겨우내 굳은 살 만지며
스카프 한 장
목에 감아 본다

호우주의보

그대여
너무 일방적이지 않나요
조금만
조금만 더
시간을 줘요

옷이 흠뻑 젖어도
행복 할 수 있도록
우산을 접고
무엇이라도
함께 할 수 있도록

마곡사의 여름

풀냄새 짙은 산사
닫힌 문 어쩌지 못하고
구름 속 달빛 쫓느라
얼굴도 마주하지 않는다

확실한 대답을 들으러 왔지만
긴 태화천 물소리
여름 산 어둠 속 길을 낸다

– 백범 김구 선생의 소나무 길 따라
한낮의 푸른 햇살과
깊었다가 숨을 고르는 물살의 소리
바람에 날리던 솔향기

태화천 맑은 물에
발등이 시리다

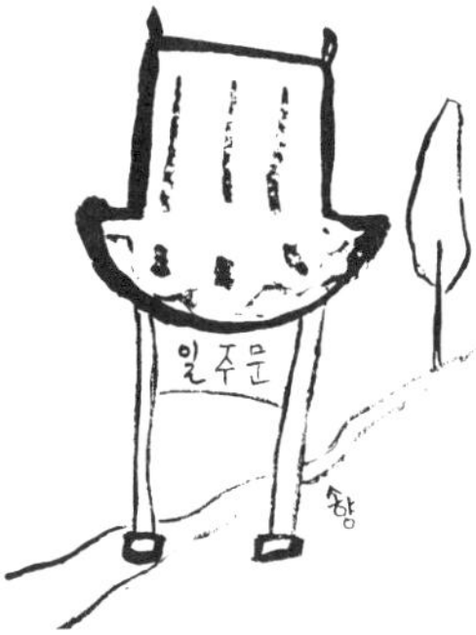
일주문
송향

3.
어느 기억

물푸레나무가 있는 집

물집을 안고
더듬더듬 안으로 들어선다

그림자 같은 사연들
요벽(腰壁)을 타고 반쯤 차고앉는다
바람이 불 때마다
나이만큼 틈이 생기는 벽

해묵은 상처들이
연기되어 떠나간
그 후

그곳에
햇살과 노을이 들어와
기둥의 껍질을 태웠다

몹시 흔들리는 바람의 저녁
그 집을 지키는
옹이 박힌
물푸레나무 하나

노을나무

나뭇잎 깨물어
흔적을 두고 가는 저녁

바람에 뒹굴면서
노을을 닮아가는 나뭇잎들

제 놓아버릴 것을 아는지
떨구어 놓은 이별

붉어진 서쪽 하늘 아래
온몸 불태우고 서 있는
노을나무

한 방울

닿을 곳 모르고
빗줄기 나리네

잡을 수 없는 밤은 가고
장미를 시들게 하는
바람도 막을 수 없는데

낮이 밤을 따르듯
청춘도
무수한 물음과 대답으로
땅 속에 묻히고

여린 이파리 돋을 때
감긴 눈에서 흐르는
한 방울 맑은 눈물

시의 하루

일어나고
일어나고

걸어가고
걸어가고

밥 먹고 밥 먹고
시간이 흘러가는 대로 지나가는 하루

늦은 밤까지 괴로워하는 너
눕지도 않고
뜬눈으로 보채고 있다

밤기차

야간열차를 타고
하룻밤을 새어야 하는 어느 날
그대와 함께 샛길을 걷는 것 같았어요
밖은 어둠이 꽉 차 있어
유리창에 비치는 우리들의 모습
아무도 눈여겨보지 않았어요
달리는 기차는
간격을 맞춰 걷는 러닝머신처럼
똑같은 소리를 반복하고

괘종시계 소리가 대청마루 울리던 시골집으로
데려가는 것 같았어요
그래요
검은 밤바다에서
물이 차오르는 소리와
눈물 맺힌 눈동자를 읽고 있는 바람 같았지요

그날처럼
가는 것도 오는 것 같이
혼자서도 함께인 듯
아무생각 하지 않아도 되는 그런 밤이었지요

나는 네 속의 까만 씨를 사랑한다

겉만 보고 알 수 없어 애를 태우던 때가 있었네
어느 쪽으로 보아도 판단이 서지 않아 보듬어 안아 들이기까지
수차례 입질을 했던 지난 일

그 속을 본다는 게
그 진실을 본다는 게

빛나는 검은 씨를 간직한 네 속을 본다는 게

신비한 고독의 품인 양
음표들처럼 박혀 있는 붉은 가슴
너를 사랑한다

가족

등댓불 빛 차갑게 선을 긋는
밤의 궁평항

바다의 평온
낚아 올리는 미소

환하게 비춰주는 달을 보고
우는 이는 누구인가

눈물 짓는 이의 이야기가
물 위에 달의 조각
둥근 얼굴들로 흔들리며 떠 있다

달이 밝다

시인

그림자와 빛의 만남을
운명으로 보는
사람과 벽의 높이에 부딪히어
고독을 느끼는
바다가 산에서 흘러온 것을
비밀이라고 믿는

헤어지는 것도
소설처럼 읽는 것
늦은 밤 초롱한 눈빛으로
일기를 쓰는
하나가 될 수 없다는 것이 슬퍼
등을 내어주는

나쁜 습관인 듯
실 뽑는 일을
계속하는 척하는
그것이 시인이지

병든 방

수없이 접어놓은 종이비행기들
날아보지 못했다

일찍 자고
책상 정리하고
친구에게 전화하는 일도
의미를 잃어버린

눅눅한 잠들이 들어 차 있는 방 안에는 젖은 물방울이 벽에 무늬
를 남긴다
암막커튼 뒤 가려진 창으로
빛의 파편들 조각조각 잘려 먼지로 눌러앉아 있다
오래된 편지는 누렇게 부서졌다
조그만 책상 열쇠는 녹슬고
노트들은 끝까지 쓰지 못해 채워지지 않았다
이 방에는
잠도 없고
꿈도 없다

시인 친구를 만나고 와서

나는 시인이 될 그릇은 아닌가보다

그녀와 나눈 대화 속에서
시(時)에 대한 생활 습관 동선과 집중하는 시간이
나의 생활과는 달랐다

나의 시간은
시인이 될 글의 시간들을 보내지 못하고
티브이 앞에서
주방 앞에서 많은 시간 서성거렸다

누구나
좋아하는 것만 하고 살 수는 없지만
그녀도
티브이 앞에서 뒹굴뒹굴 시간 보내고
만난 음식 만들어서 먹고 싶지 않을까

다만
시를 좋아하는 것과
시를 쓰는 것은 정말 다르게 살아야 하는 것인지

밤기도

밤늦은 시간까지 근무하고 왔더니
배가 고파 이것저것 먹었습니다

배가 불러 기도를 잊고 잠이 들었습니다

새 아침
지난 밤 식탐이
얼마나 후회스럽던지요

침상을 털고 일어서지 못하고
쪼그리고 엎드리어
아침 기도를 드립니다

머리를 조아려 드리는 기도
어제와 같은 자세
같은 장소이지만
밤을 허비하고 난 후 갖는 후회의 마음으로
손을 모아봅니다

머리를 자르다

어릴 적에는
큰 가위로 머리카락을 자르면 어찌나 무섭던지
아픔이 무엇인지 모르면서 겁에 질려 울었다
괜히 운다고 야단맞으면
더 울음을 키워 서럽게 우는
촌스러운 모습이기도 하지만

누군가의 손에 머리카락 잘리던
유년의 기억 아련히 떠오른다

그리고 오늘 다시
머리를 자르는 사소한 일에 울컥 한다
나도 모르는 사이
살을 베이는 아픔
가슴을 누르는 원망의 시간
거울에 비친 고집과 욕구 속에
아직도 찾지 못한 내가 있다

누군가의 손에 맡기고 있는 그 아픈 시간들이

군에 간 아들에게

아들아
보고 싶어 온종일 네 방을 서성이는 구나

너를 만나러 가는
여섯 시간의 긴 기차여행길
어찌 갈까 하면서 두 시간이 지나고
남은 네 시간 어찌 갈까
그 시간들은 어느새 지나
비로소 네가 있는 이곳에 와 있다

전화가 오면 하고 싶은 말
군에서도 시간은 가고
묶인 시간들도 지나가니

아들아
너무 잘 하려 하지 말고
너무 잘 살려 하지 마라
네 시간을 믿고
널 믿는 것처럼
보고픈 사람들을 믿으렴

곱창구이

불 위에서 노릇하게 익어가며
뒤집히고
불이 오를 때마다
먹음직스럽게 살을 태운다

남이 모르는 곳에
자신을 감추어보지만
틈 없이 빡빡하던 비위(脾胃)를 건드려보면
그 속을 허옇게 보여 준다

불편한 속 말들이
성질대로 삐져나와
쫀득하게 씹히고 씹힌다

뭉글 제 몸의 내장을 괴어내며
오그라들던 날

어느 기억

건너편 집 창으로 티브이 소리 새어나오는 늦은 저녁
차가운 기온이 내린 옥상에 앉아있다

먼 남쪽에서 전해 온
삼 년째 투병하던 친구의 부고

- 천천히 영화 보듯
  시를 읽듯
  이 시간들이 잘 지나가길

친구의 야윈 얼굴을 보며 시집 사이에 끼워 준 내용

며칠 새
피어나던 하얀 목련은
녹슨 빛으로 떨어지고
포개진 땅
그 위로
친숙한 흙처럼 안기는 생과 사의 길

뒷모습

돌아서서 가는 걸음은
만남보다 헤어짐이 더 오래 기억되기 때문일까

악수를 하고
눈을 맞추며
미소를 보는 만남

그러나 헤어짐은
아쉬움 뒤 편
슬픈 언어들이 남아
손을 흔들어 주거나
한 번쯤 뒤돌아보는
괄호 속 인사처럼 전하는 것이다

소리가 아닌
몸짓이 아닌
지문을 담은 괄호 속 대화들이
돌멩이처럼 굳어지면
이별의 통보를 보내고
그의 뒷모습을 흉내 내며 떠나고 싶다

붉은 퇴근길

하루 일이 끝나고 계단을 돌아 덩치 큰 건물을 빠져 나온다 25시 광장은 이미 사람들로 북적이고 골목마다 불빛 아래 간이 의자를 늘어놓는 로데오 거리 밤장사 하려는 상점들은 활기차고 훤하다 늘 습관적으로 가던 퇴근길, 오늘은 꼭 무엇인가를 해야 하는 일상의 그 무엇들을 잠시 생각하지 않기로 했다

숯불 위에 가리비 조게 대합 소라 전복
그리고 새우
조개들 타닥거리며
뜨물 빛 소금기를 괴어내며
익고 있다

오늘은 새우에 눈길이 간다
바다 속 물살을 헤치며
무리를 쫓다가 구부러진 것이
무리지은 사람들 속에 사는
어부의 굽은 등을 닮았다

배가 등에 붙도록 열심히 살아온
굵어진 손
껍질을 벗겨 건네는 그 손에서

등이 휘는 붉은 퇴근길

물집

뜨거운 것이 아픔인 줄 알았던 시절
처마 끝 얼음으로 목을 축이려다
손바닥에 들러붙어 감아돌던 쓰라림이 있다

유년 시절
잠이 깨지 않은 채
한 겨울 마당 수돗가 대야를 잡았다가
손이 붙어 얼마나 혼줄이 났었던가

나이 들어
예상치 못한 물집이
구석구석 놀라게 하며
가슴에 흉터로 남는다

아프게 들러붙던 상처
아물지 않은 물집으로 있다

몫

손에 쥐면
내 것이 된다 해도
많은 것에서도 한 줌

먹고 자고 깨는 일
모래밭 세상 같아서
허리 굽혀 사는 인생
무엇을 가졌던가

어느새
텅 빈 하늘처럼
열 손가락 사이로 빠져나가

쥐어도 여전히 빈 손

매미

들이 보이고
미루나무 고개 위 매미가 운다

101동
구순을 훌쩍 넘긴 시모가 누워 있는 방
창 앞에는
팔월의 매미가 밤낮 없이 울어댄다

장마 끝나고 무더워지니
가로등 불빛에 몰려
한층 더 울어대는 매미

작은 몸에서
무엇이 그리운지
무엇이 서러운지
더위에도 굽히지 않고
아파트 단지를 흔들어 댄다

여름 내내 매미를 보며
땅이 권태에 지쳐 멸할 때까지
울며 사는 것

우리도
저렇게 한철
간절히 울어본 적 있을까

4.
삶의 물집

허기에 붙이다

나뭇가지 그림자를 밟아 오를 때도
자신의 부리로 닿지 않은
날갯죽지 어딘가가 간지러워
목을 길게 빼고 깃털을 고른다

부리가 미치지 않은
비워진 배꼽 아래
헛배만 팽팽하게 부풀어 있다

새는 목적지를 알까
무엇을 버릴 수 있으며
무엇을 스스로 버티어 낼 수 있을까

그 어떤 부분들로부터
나는
가려워 미치겠다

죽음의 공식

미끄러지는 잠
빠져 나오지 못한 고독
걸려서 넘어진 홀몸
수없이 돌아가는 바퀴들
뿌리째 흔들리는 이
돌아보면 아니 되는 걸음
반으로 접혀 있는 부부
하얗게 벗겨지는 비늘처럼
보고 싶다 말할 수 없는 게임
줄 것을 셈하는 보물 상자
곧게 펴지지 않는 두 다리
놓아야 할 것을 잡는 음식
뺄 것과 더할 것의 빈곤
닫을 때를 기억해야 하는 장난감

마침내
움직이지 않는 시간

붕어빵

씹히는 통팥은
파닥거리던 물고기 심장처럼 뜨겁다
혓바닥을 데이고서야
꼬리지느러미부터 살며시 입에 문다

그 따끈함 종이봉투에 담겨가던
겨울 모퉁이는
팥 앙금의 향기를 품었다
찬바람을 잊게 해 주던
따뜻한 국물과 덕이 엄마 웃음소리

몇 달째 붕어빵 리어카는
골목 구석에 마냥 서서
칭칭 동여매인 채
겨울을 난다

봄의 기운 오르는 계절
추위도 잊고
울음도 잊고
꼬리치며 달아나는 붕어

숙제

자녀는 평생 나의 숙제
라고 그녀는 말했다

먹고 살기 힘든 시절
혼자 키워내는 긴 세월
어려운 형편을 눈물로 이겨내며
견디어 온 애달픈 세월

그것은
마지막 종이 울릴 때까지
시험지 답을 풀 듯
남겨진 숙제

한 평생
사랑의 관계 속에서
가장 큰 숙제

두 손에는

돌아보면 언제나 두 손에는 고통이 머물다 가요
그 그림자는 왜 주위를 맴돌며 떠나지 않는 걸까요
쉴 틈 없는 손에 금이 나 있어요
금들은 자꾸 살을 파고 들어
생의 잡동사니 놓지 못하고 있어요
견디어 낼 힘이 없는 답답하고 무기력한 현실을 언니는 모를 일이지요
가엽은 얼굴 초조한 눈동자
아픈 시간들이 어떻게 지나가는지 말해 주세요

겨우 겨우 산다는 말은
누구나 힘겨운 때라 생각해요
그런 시간은 그저 견디는 일이지요
한 겨울 동면(冬眠)에 들어가 바람을 피하면
가물거리며 긴 잠에 빠지듯 계절이 바뀌지요

언니 새봄이 오면
꽁꽁 얼어있던 땅을 뚫고 나오는
들판의 생명들이 보여요
숨 한번 크게 쉬고 나온 새싹같이
명자나무 붉은 울타리를 돌아
나도 친구를 만나러 가듯

설레는 그런 삶이 있겠지요

그녀의 슬픈 독백을 담은 두 손에
봄이 어리우지요

주인

마음은 숨길 수 없어요
걱정 되고
궁금한 것
당신 뿐 이기에
누구라도 서운하다 해도
상관없어요
아무 상관없어요

이런 말
누가 들어도 상관없어요
그 속을 온통
이끌어 가는 당신께
잡혀 있는 것
내버려 두세요
그 무엇도 염려(念慮) 없어요

내 역할이 된 당신을
그 누가 알까요

눈

하얗게
포옹이 따스하다
한해가 가는 길
저
고맙고 사랑스런 몸짓
내가 덮어야 할
네가 덮어야 할
작은 시작이다

하늘은
왜
한 겨울 눈을 베푸시는지

희망으로 오는 길
지난 밤 지새우며
그 손길
결실로 쌓인다

뺨

왜 한 쪽 뺨을 치면
다른 쪽 뺨을 대라는 것일까

작은 잠을 깨울 때
내 뺨을 내가 칠 때가 있다
그러나
상대 손바닥이 내 뺨을 칠 때
난 영혼의 잠을 깬다

죽은 것 같은 깊은 잠은
따귀가 효험(效驗)이 있다

긴 철길

아버지 돌아가신 후
원인 모를 병이 났다
큰 병원에 가던 날
콩팥 한쪽이 녹아 기능이 어렵다며
치료가 어렵다고 하니
얼마나 앞이 깜깜했을까
먼 서울까지 갔다가 터덜대는 버스를 타고 도착한 오류역 버스 정류장
가야할 길이 먼 집을 향해
축 처진 나를 업고 한 없이 느린 걸음을 걸으셨던

차가운 철길
가난과 질병
두 개의 레일을 따라
어둠이 깔려 있는 철길을 걷고 또 걸었다
병든 딸을 업은 가난한 어머니는 무거운 다리를 끌며 그렇게 걸어갔다

– 내 주여 뜻대로 행 하시 옵소서
– 살든지 죽든지 뜻대로 하소서

눈물 먹은 찬양을 부르며

병들어 사경을 헤매는 딸 업고
칸칸이 박힌 어둠을 디디고 걸었던 어머니

울음 꽉 찬 노래가
먼 집을 향해
별도 없는 캄캄한 하늘을 향해
하늘로 가는 계단 같이
천천히
아주 간절히
긴 철길 건너고 건너갔다

벽돌 한 장

동산 위에 교회가 있다

내 나이 여섯 살
저녁이면 엄마와 오빠들 언니 동생과 함께
온 가족이 모여 교회 건축을 위해 벽돌을 날랐다
전 교인을 동원해 산 위로 건축자재를 옮겼다
나는 병약했지만 엄마는 벽돌 한 장씩이라도 날라야 축복을 받는다고 했다
오빠들은 제법 힘자랑을 하고
엄마는 머리에 모래 함지박을 이고 부지런히 동산을 올랐다

큰 오빠가 대학을 졸업 하면서 건설회사 대기업에 취직을 했다
설 명절에 세배를 하는데 단호하고 야무지게 동생들이 다 듣는 자리에서 어머니는 말했다
– 벽돌 한 장 집에 들이지 마라

둘째 사위가 건설회사 다니게 되어 인사를 드리니
– 벽돌 한 장 선불리 집에 들이지 마라
당부에 당부를 한다

시작과 마무리
중히 여긴 벽돌 한 장

새벽 기도

이마에 깊은 주름을 하고
낯에 드러내지 못한
가장 절박한 문제들의 언어를 꺼내어 기도한다

친구가 떠나가고
가까운 이웃이 멀어져
외로움지만
어둠 하나만으로 계속되는 삶은 없기에
새벽에 기도를 한다

밤과 새벽 시간의 경계에서
저항할 수 없는 두려운 일
단지 듣고 보고
만지는 것까지의 믿음을 구하며

병들고 가난한 이들의 이름 위에
하나님 함께 하소서

전원일기

-782회 당신의 이름으로

무료한 오후 티브이 채널을 돌리다 보게 되었습니다

시어머니는 단풍구경 간다고 들떠있는데
큰며느리 작은 며느리 싸워서 서로 말도 안 하고 집안 분위기 쌩하니
식구들 밥상에 반찬이 맛이 없어 가족들이 모두 한 마디씩 하고
지켜보던 시아버지가 시어머니와 며느리들을 불렀습니다 그리곤 묻습니다

시어머니에게 며느리들 이름을 아느냐
며느리들에게 시어머니 이름을 아느냐
생활 속에서 부르는 호칭이 있으니 이름은 별 관심 없이 지냈던 것이겠지요

호통을 치며 시아버지가 숙제를 냅니다
두 며느리가 서로의 이름으로 그날 점심시간까지 삼행시를 지어 합격해야
시어머니 단풍구경을 갈 수 있다고 합니다
시아버지가 자리에서 일어나 나가실 때
큰며느리를 부르며 작은며느리 이름 고순영
작은며느리를 부르며 큰며느리 이름 박은심이라 이름을 불러주는 순간

나는 가슴이 뭉클 눈물이 났습니다

잘 써지지 않는 두 며느리를 둘러보며 애를 태우는 시어머니
며느리들에게 다가가 일러줍니다
마음씨를 곱게 써야 시가 나온단다
예쁘게 봐야 달리 보인다며 말을 합니다
나는 고개를 끄덕였습니다

서로 다툼이나 싸움이 일어날 때
누구의 편을 들어 옳고 그름을 나누는 것이 아닌
서로 관심을 회복시키고 상대 입장을 이해하도록 하는
너그러운 아버지
전적인 중재의 힘이 있는 아버지
가정의 한 중심이 되어주는 아버지를 보게 되어 울었습니다

빨래줄

하늘로부터 온 영혼의 배꼽
생명의 탯줄 타고
울음을 터뜨리는 하얀 기저귀

어제 일보다 내일이 더 궁금한
지붕 아래 이야기

오래 닳은 계단을 오르면
네모진 옥상에
낡고 헐은
빨래가 훨훨 허공에 날리고

어디로 가려하는지
한 방향으로
한 방향으로만
빨랫줄을 떠나려 펄럭인다

모정(母情)

태탱이 불어오를 때
저려오는 젖줄기
배고픈 아이 울음이 돌아 그렁대면
습벙
불은 젖이 젖꼭지를 타고 흐른다

그렇게 키운 세월
고등학교 3학년이면
엄마도 고3이여야 한다
삐걱대는 목의 무게를 견디며
입시생 기도에 참여하지 못하는 마음
목구멍 타고 올리는
습벙
목울대 조이는 피 섞인 기도
쏟아져 내린다

한시(漢詩)에서

-선(善)한 것을 쫓으면
 복이 바로 오는 것이 아니다
 단 화(禍)가 한 걸음씩 물러가는 것이다
 악(惡)한 일을 쫓으면
 화(禍)가 오는 것은 아니지만
 선(善)이 물러가고 있다는 것이다

착하게 살아야 하겠지만

새 일기장을 장만하며
옮겨 적은 글이다

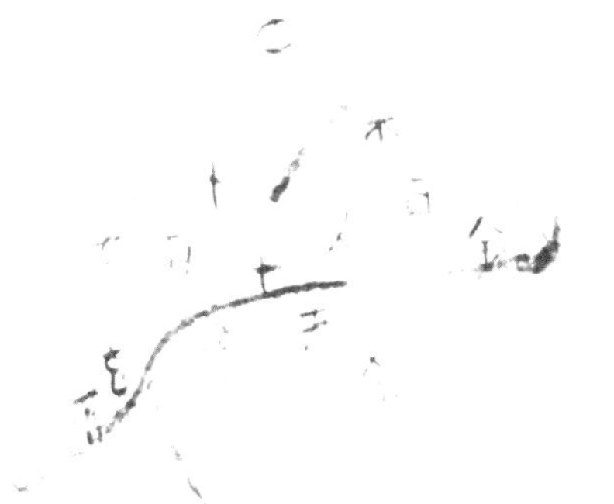

5.
최홍연의 詩세계

삶과 자연의 화해, 그 서정적인 해법

시와 인간과의 호혜 실현하려는 발현의 세계

김 송 배
(시인. 한국문인협회 전 부이사장)

1. 아픈 기억들을 반추하는 사유(思惟)

현대시의 흐름은 대체로 그 시인의 생애를 반추하는데서 시적 동기나 발상을 하게 되는 실상을 목도(目睹)하게 된다. 이는 시적인 소재를 설정하거나 주제를 투영하고자 할 때 그 시인의 삶의 궤적(軌跡)에서 탐색하는 경우를 간과(看過)하지 못한다.

이러한 시인들의 사유는 현실적인 실생활(real life)에서 설정하는 것보다는 지나온 과거의 체험을 통한 다양한 삶의 형태를 정서적으로 불망(不忘)으로 남아 잇는 흔적들에서 재생하는 이미지들이 시인들의 시정신과 시세계의 창조에 지대한 영향을 미치고 있기 때문이다.

여기 최홍연 시인이 상재하는 첫 시집 '물푸레나무가 있는 집'을 일별해보면 그가 현재까지 영위해온 생애를 통해서 인생과 삶에 대한 희로애락(喜怒哀樂)의 칠정(七情)에서 추출한 이미지들이 그의 작품의 골간(骨幹)을 이루고 있어서 곡진(曲盡)한 정서와 사유의 형태를 이해하게 된다.

일찍이 프랑스의 시인 보들레르는 시는 항상 기쁨이든, 슬픔이든 그 자체 속에 이상(理想)을 좇는 신과 같은 성격을 갖고 있다고 했다. 이는 우리들의 체험에서 재생된 기억들이 작품 속에서 슬프거나 아픔 또는 기쁨이나 즐거움으로 형상화 하는 시적인 특성을 접근하게 되는 것이다.

이와 같은 시법(詩法)은 대다수의 시인들이 원용(援用)하고 있어서 그 작품은 바로 그 시인의 생활과 사유의 범주(範疇)를 예측할 수 있는 진정한 그 시인의 진실이라고 확신하게 되는 것이다.

화장을 하지 않아도
감동스런 이야기 하지 않아도 되는
서로 손잡아 줄 수 있겠니

높은 산을 가자고 하지는 않아
밤안개 흐르는 호수 공원
주지 못한 그 하나
가만히 건네는 일

서로 아프던 시절
마르지 않는 기억이
흐르지 못하는 호수 같아
잃은 것 찾아가는 산책 길
더 없는 그 밤의 위로

-'산책길' 전문

최홍연 시인은 어느 날 '밤안개 흐르는 호수 공원'을 산책하면서 자신이 살아온 길의 흔적, '서로 아프던 시절' 그 '마르지 않는 기억'을 회상하고 있다. 그의 기억에서는 삶에 대한 진정한 성찰의 메시지가 암묵적(暗默的)으로 '흐르지 못하는 호수 같이' 그의 심저(心底)에서 아로 새겨지고 있는 것이다.

그는 이러한 '산책길'에서 재생하는 삶의 애환(哀歡)이 현재의 자신은 진한 화장도 필요 없고 감동이 있는 이야기도 필요하지 않는 평범한 삶에서도 '잃은 것 찾아가는 산책길'에서 '더 없는 그 밤의 위로'를 무한으로 감지(感知)하고 있는 것이다.

최홍연 시인의 기억은 작품 「머리를 자르다'」 중에서도 '나도 모르는 사이/ 살을 베이는 아픔/ 가슴을 누르는 원망의 시간/ 거울에 비친 고집과 욕구 속에/ 아직도 찾지 못한 내가 있다'는 어조로 자신의 존재성에 대한 탐구가 지속적으로 이어지고 있음을 알 수 있다.

그것은 바로 자아의 인식을 위한 다변적인 사유의 향방이 그의 기억에서 지워지지 않고 살을 베는 아픔으로 현현되고 있어서 그가 지향하는 정신적인 세계에서는 현실적인 갈등과 고뇌의 요소들이 잠재되어 있어서 지금도 그의 뇌리에는 '아픈 시간들'로 동행하고 있는 것이다.

그는 다시 '마른 살갗 뚫고 나오는/ 나무의 몸살/ 기억의 아픈 마디마다/ 움을 틔운다 ('나무의 노래' 중에서)'는 나무의 의인화를 통해서 자신의 아픈 과거에 대한 '몸살'이라는 절망과 희망의 쌍곡선이 교차하는 심리적 형상화를 이해하게 한다.

이러한 그의 정서는 결론적으로 '아직 눈송이 날리는 날 있어도 / 그을 수 없는 나무의 경계에서/ 나이테는 한 바퀴 이어가고/ 꽃들의 기도가 내리면/ 이제 울음을 그치려는지'라는 어조로 고통을 인내하면서 새로운 삶의 행보를 여망하고 있는 것이다.

또한 그는 작품 「어느 기억」 중에서도 '며칠 새/ 피어나던 하얀 목련은/ 녹슨 빛으로 떨어지고/ 포개진 땅/ 그 위로/ 친숙한 흙처럼 안기는 생과 사의 길'이라는 생사에 대한 진솔한 가치관이 내재된 그의 명징(明澄)한 기억도 살필 수가 있으며 작품 「뒷모습」 중에서도 '돌아서서 가는 걸음은/ 만남보다 헤어짐이 더 오래 기억되기 때문일까'라는 의문형으로 그의 기억이 생활 현장에서 생성하는 모습들이 시적으로 형상화하는 그의 시법에서 기억은 곧 현재의 삶에 대한 인식과 성찰로 사생관(死生觀)에 대한 심도(深度) 높은 탐구로 이해하게 된다.

2. '죽음의 공식'과 시간성의 인생론

최홍연 시인은 과거의 기억에서 창출한 생사의 관념에서 더욱 진전(進展)된 삶의 방식이나 살면서 자각(自覺)해야 할 다양한 그의 내면에 깊이 잠재해 있던 인생론이 직접적 혹은 구체적으로 적시하는 시법을 읽을 수 있다.

그는 '어느 날 어느 순간처럼/ 삶도 빛으로 터져 반짝이는 날 오겠지/ 수런수런 옛 이야기 나누며 살 수 있겠지('불꽃놀이' 중에서)'나 '봄으로 가는 시간/ 스스로 옷을 벗고/ 녹아내리는 흙의 계절/ 순리에 따라/ 멀미를 견디며 기다린다('꽃샘추위' 중에서)'라는 어조와 같이 시간과 기다림의 인내로 기대와 기원이 그의 삶에 대한 애착으로 남다르게 현현되고 있음을 알 수 있다.

가지마다 설레게 흔들어대는 바람
햇살 아래 꽃으로 피어
나무의 눈물 되어 내리면

꽃들의 신음소리 같아라

살아 있는 모든 것
눈을 뜨는 한 날

아름다운 것은
왜 이리 짧은가

살면서
아름다운 것에 대해
시드는 것에 대해
눈물 떨구는 사월

-'꽃비' 전문

최홍연 시인은 이 '꽃비'를 통한 이미지의 재생으로 형상화하는 시법이 우리들의 공감을 유로(流路)하고 있어서 그의 의식의 흐름을 흡인할 수 있게 한다. 그는 우선 나뭇가지를 흔들어대는 바람이 햇살 아래서는 꽃으로 피어난다는 상황과 '나무의 눈물 되어 내리면/ 꽃들의 신음소리 같다'는 이미지의 합일(合一)은 시적인 절창(絶唱)으로 감동을 자아낸다.

그는 이렇게 내리는 '꽃비'가 '살아 있는 모든 것/ 눈을 뜨게' 하는 생명의 원천적인 진원지로 생성하고 있다. 이러한 자연 현상은 시간과 동행하게 된다. 그는 결론으로 '살면서/ 아름다운 것에 대해/ 시드는 것에 대해/ 눈물 떨구는 사월'에서 알 수 있는 바와 같이 '꽃들의 신음'과 '눈물 떨구는 사월'의 상호 매칭은 최홍연 시인이 간직한 인생론에서 괄목(刮目)할만한 투시력(透

視力)을 내포하고 있는 것이다.

다시 그는 작품 「비」 중에서 '시간도/ 그리움도/ 흐르며 길을 간다/ 굽어진 길 흐르며 간다'거나 작품 「숙제」 중에서도 '한 평생/ 사랑의 관계 속에서/ 가장 큰 숙제'라는 등 그가 살아오면서 감응(感應)한 현실적인 사유가 안온한 정감으로 적시되고 있는 것이다.

손에 쥐면
내 것이 된다 해도
많은 것에서도 한 줌

먹고 자고 깨는 일
모래밭 세상 같아서
허리 굽혀 사는 인생
무엇을 가졌던가

어느새
텅 빈 하늘처럼
열 손가락 사이로 빠져나가

쥐어도 여전히 빈 손

-'몫' 전문

최홍연 시인에게 주어준 '몫'은 무엇인가. 그는 '허리 굽혀 사는 인생'에서도 '쥐어도 여전히 빈 손'뿐이라는 허망의 의식이 그에게 침잠(沈潛)되어 있다. 이것이 그의 남아 있는 몫으로 고귀한 인생관이며 가치관이라고 할 수 있다.

그가 깊은 사색을 통해서 탐구한 인생은 바로 공허(空虛)의식이다. '빈 손'이라는 공(空)의식은 허무를 동반하게 되는데 '텅 빈 하늘처럼' 그의 의식에는 자존(自存-self respect)의 상위 개념에서도 공수래공수거(空手來空手去)라는 옛말이 실감나게 흡인되고 있다.

그는 이처럼의 공허의식이 생사의 지고(至高)한 명제(命題)로 작용한다면 그는 작품「죽음의 공식」전문에서는 '미끄러지는 잠/ 빠져 나오지 못한 고독/ 걸려서 넘어진 홀몸/ 수없이 돌아가는 바퀴들/ 뿌리째 흔들리는 이/ 돌아보면 아니 되는 걸음/ 반으로 접혀 있는 부부/ 하얗게 벗겨지는 비늘처럼/ 보고 싶다 말할 수 없는 게임/ 줄 것을 셈하는 보물 상자/ 곧게 펴지지 않는 두 다리/ 놓아야 할 것을 잡는 음식/ 뺄 것과 더할 것의 빈곤/ 닫을 때를 기억해야 하는 장난감// 마침내/ 움직이지 않는 시간'이라는 교시적(教示的)인 규범(規範)처럼 적시하고 있어서 그가 설정한 공식은 삶의 지표로 공감하게 된다.

그래서 그는 언제나 작품「새벽 기도」를 통해서 '밤과 새벽 시간의 경계에서/ 저항할 수 없는 두려운 일/ 단지 듣고 보고/ 만지는 것까지 믿음을 구하며// 병들고 가난한 이들의 이름 위에/ 하나님 함께 하소서'라는 기원의 의식이 항상 그와 시간이 동행하면서 살아가고 있는 것이다.

3. 꽃들의 향연과 자연 서정의 융합

최홍연 시인은 전형적인 한국의 서정시인이다. 그가 착목(着目)하는 외적인 사물 전체가 그의 시야에 교감하게 되면 안온한 시심(詩心)이 발흥하는 서정적인 사유로 변환하는 특성을 소유하고 있다.

이처럼 대지에 지천으로 피고 지는 꽃들의 향연에 특히 많은 관심으로 접근하면서 서정적인 대화를 나누고 있다. 그가 시적으로 교감하는 화훼류(花卉類)에는 은방울꽃, 할미꽃, 가시연꽃, 밤 벚꽃, 페츄니아, 카네이션, 설중매화 등등에서 이미지를 추출하거나 의미를 부여하는 시법을 읽을 수 있다.

이는 그가 심취(深趣)하는 만유(萬有)의 자연에서도 '생각해보면/ 쓰이지 못한 시어들의 첫기// 땅 속 어딘가 깊은 곳에서/ 힘주어/ 피어오르는/ 한 호흡의 입김 같다('꽃' 전문)'는 꽃들과의 동화(同化)나 투사(投射)의 시법으로 융합하는 현장에서 미감(美感) 넘치는 작품들을 보여주고 있다.

하얀 종소리 마당 가득
줄지어 얼굴을 내미는 꽃들

유년의 앞마당에는
발자국처럼 선명한 다짐
–열 손가락 깨물어 안 아픈 손가락이 없다는
홀어머니
겨우내 무성하게 엉켜 있던 텃밭
풀들 헤쳐가며 솎아주었다

웃자란 푸른 잎 들추니
작은 꽃들 가지에 매달려 있다
줄지어 피어 있는 은방울꽃
햇살도 찾아와

종들을 울려댄다

-'은방울꽃' 전문

우선 '은방울꽃'을 바라보는 시각에서는 '하얀 종소리'라는 청각을 대입하여 시적 상황을 설정하고 '유년'의 기억을 재생해보는 동화와 같은 전개가 호감(好感)을 자아낸다. 본래 서정시의 개념은 아름다운 선율로 개인적인 정서를 노래하는 것이지만 현대시의 서정은 자연 속에서 현실적인 비합리성에 대한 시인들의 각성과 시인들의 자의식의 해법을 탐구하는 시법으로 전환하고 있는 것이다.

최홍연 시인도 '-열 손가락 깨물어 안 아픈 손가락이 없다는/ 홀어머니'가 제시하는 의미심장한 어조에서 감지할 수 있듯이 '종소리'의 상징이나 비유는 단순하게 들려주는 소리가 아닌 경종(警鐘)일 수도 있는 것이다.

이렇게 그가 적시하는 '줄지어 피어 있는 은방울꽃/ 햇살도 찾아와/ 종들을 울려댄다'는 단정적인 어조는 '홀어머니'의 근엄한 인생의 메시지로 은방울의 꽃말처럼 '틀림없이 행복해진다'는 무언의 기대감을 들려주고 있다.

강이 흐릅니다

첫 새벽 땅을 디딘 한 방울의 이슬
나무껍질처럼 거친 엄마 손등에 떨구던 땀방울
거북등 같은 소나무 가지 끝에 앉던 눈송이도
아득한 골목 끝에 늦도록 기다리던 딸의 눈물도
흐릅니다

어린 시절 꿈에서 보았던 흰나비들
하늘로 오릅니다

그 물빛
얼굴 위로 쏟아집니다

-'물빛' 전문

또한 최홍연 시인의 서정은 꽃들뿐만 아니라, 자연 정경에서도 탐색하고 있는데 산과 강 그리고 거기에 동거하는 나무들, 짐승들 등 많은 사물들과 시적인 담론을 교감하고 있다.

그는 이러한 자연 서정은 '엄마 손등'이나 '딸의 눈물' 등과 같은 일상적인 생활공간에서도 동화처럼 엮어나갈 수 있다는 그의 시적 열정이 더욱 포근하고 다정한 분위기를 조성하고 있는 것이다. 이것이 강을 흐르고 있는 '물빛'으로 형상화할 때 그는 '어린 시절 꿈에서 보았던 흰나비들/ 하늘로 오릅니다'는 상상은 오히려 역설적으로 ' 그 물빛/ 얼굴 위로 쏟아집니다'는 사랑의 메아리로 울리고 있는 것이다.

그는 작품 '풀푸레나무가 있는 집' 중에서 '그곳에/ 햇살과 노을이 들어와/ 기둥의 껍질을 태웠다'거나 작품 「노을나무」에서도 '하늘 아래/ 온몸 불태우고 서 있는/ 노을나무'와 같이 태운다는 타동사의 어조와 같이 그가 탐구하려는 서정적인 주제는 인간과 자연이 교접(交接)하는 최상의 정서적 환기(換氣)를 위한 시적인 정신세계의 발현이라고 할 수 있을 것이다.

4. 시와 시인의 간극(間隙), 정신적 화해

마지막으로 최홍연 시인에게서 살펴볼 수 있는 대목은 자신이

당면해 있는 시와 시인의 간극에 대한 화해를 모색하는 명제(命題)에 골몰하고 있는 듯하다. 이는 그가 사색하거나 사유하는 지향점이 생활의 중심에는 시가 존재한다는 중대한 사실이다.

이는 우선 모든 작품에서 취택(取擇)하는 시어(詩語)에서 묵과(默過)하지 못하는데 '여린 이파리 돋을 때/ 감긴 눈에서 흐르는 눈물('한 방울'중에서)', '마음씨를 곱게 써야 시가 나온다('전원일기' 중에서)', '칸칸이 박힌 어둠을 디디고 걸었던 어머니('긴 철길' 중에서)', '며칠 새/ 피어나던 하얀 목련은/ 녹슨 빛으로 떨어지고(' '어느 기억' 중에서)' 그리고 '소리가 아닌/ 몸짓이 아닌/ 지문을 담은 괄호 속 대화들('뒷모습' 중에서)' 등의 묘사나 표현은 과히 시가 그의 전신에 내재된 시와의 인연이라고 할 수 있을 것이다.

나는 시인이 될 그릇은 아닌가보다

그녀와 나눈 대화 속에서
시(詩)에 대한 생활 습관 동선과 집중하는 시간이
나의 생활과는 달랐다

나의 시간은
시인이 될 글의 시간들을 보내지 못하고
티브이 앞에서
주방 앞에서 많은 시간 서성거렸다

누구나
좋아하는 것만 하고 살 수는 없지만
그녀도

티브이 앞에서 뒹굴뒹굴 시간 보내고
만난 음식 만들어서 먹고 싶지 않을까

다만
시를 좋아하는 것과
시를 쓰는 것은 정말 다르게 살아야 하는 것인지

-'시인 친구를 만나고 와서' 전문

최홍연 시인은 시를 쓰는 과정을 '연필 한 자루/ 잘 깎아 심을 세우고/ 시를 쓰네/ 쓰다 쓰다 안 되면/ 연필 뒤/ 지우개로 살살 지우고/ 흰 종이 위에 다시 쓰네('소유' 중에서)'라고 토로(吐露)하지만 '시인 친구를 만나고 와서'는 자신에 대한 시와의 간극을 적나라하게 적시하고 있어서 이채롭다.

그는 '나는 시인이 될 그릇은 아닌가보다'와 '시(詩)에 대한 생활 습관 동선과 집중하는 시간이/ 나의 생활과는 달랐다'는 자성과 자책의 심려(心慮)가 현저하게 현현되고 있어서 그는 '시인이 될 글의 시간들을 보내지 못하고' 있어서 그의 결론은 '시를 좋아하는 것과/ 시를 쓰는 것은 정말 다르게 살아야 하는 것인지' 라고 아직도 그와 시와의 완전한 융합을 이루지 못하고 있다는 일종의 하소연을 들을 수 있으나 이러한 과정이 앞으로 좋은 시를 창작할 수 있는 요인으로 작용하게 되는 것은 재론의 여지가 없을 것이다.

그림자와 빛의 만남을
운명으로 보는
사람과 벽의 높이에 부딪히어

고독을 느끼는
바다가 산에서 흘러온 것을
비밀이라고 믿는

헤어지는 것도
소설처럼 읽는 것
늦은 밤 초롱한 눈빛으로
일기를 쓰는
하나가 될 수 없다는 것이 슬퍼
등을 내어주는

나쁜 습관인 듯
실 뽑는 일을
계속하는 척하는

그것이 시인이지

-'시인' 전문

그렇다. 그는 완벽한 '시인'의 위상을 나름대로 잘 정리하고 있다. 그의 사유에는 다양하면서도 다변적인 시적 상황들이 일상생활과 맞닥뜨려서 상충하거나 충돌하는 심리적인 현상을 고뇌하지만 이러한 일들을 극복하면서 새로운 정신세계를 개척하거나 구축하는 일이 바로 시인의 역할이라고 확신하고 있는 것이다. 4'시집을 구하기까지 흔적들이 느껴지며/ 소중하게 여겼을 시집이/ 왜 그 손에서 멀어졌을까'라는 탄성(歎聲)과 함께 '오랜 시간을 돌아 내게로 왔다/ 그의 가난과 사람 냄새를 지니고('헌책

방에서' 중에서)'라는 옛 시인의 체취(體臭)에서 교통(交通)하는 정감의 시상을 엿보게 하고 있다.

유명한 영국의 시인 매슈 아놀드는 일찍이 '시는 본질적인 면에서 인생의 비평이다'라는 언지로 시와 인생과는 공통분모로 안전하게 동질성을 탐색하는 고된 작업이라고 강조한 바가 있다.

이처럼 최홍연 시인은 이 시집 '물푸레나무가 있는 집'에서 강렬하게 내던지는 메시지는 그의 삶과 인생의 행로에서 탐구한 가치관을 일상적인 생활과 자연 환경에서 상호 화해하고 융합하는 인본주의(humanism)의 정립에서 시와 인간과의 호혜(互惠)를 궁극적으로 실현하려는 정의(情誼)의 발현이라고 믿게 된다.

앞으로도 더욱 많은 노력과 정진으로 정신세계를 개척하고 좋은 시를 창작하여 계속해서 인생의 고뇌 해소에 열정을 보태기를 기원한다. 시집 출간을 축하한다.

최 홍 연 시집
물푸레나무가 있는 집

초판 인쇄 ‖ 2020년 12월 20일
초판 발행 ‖ 2020년 12월 24일

지 은 이 ‖ 최 홍 연
발 행 인 ‖ 정 병 국

펴 낸 곳 ‖ 도서출판 지식과사람들
등록번호 ‖ 제2-3436
주 소 ‖ 서울 중구 충무로2길 20.(충무로 4가 3층)
대표전화 ‖ 02-2277-7674
이 메 일 ‖ jisik1198@naver.com
ISBN ‖ 978-89-94571-54-6

정가 ‖ 10,000원

※이 책은 안산시 문화예술진흥기금을 받아 제작되었습니다.